Das Ultimative
Löwen
Buch für Kinder

100+ Löwen Fakten, Fotos, Quiz und Mehr

Jenny Kellett
Übersetzung Philipp Goldmann

MELBOURNE · SOFIA · BERLIN

Copyright © 2022 by Jenny Kellett

www.bellanovabooks.com

All rights reserved. No part of this book may be reproduced in any form by any electronic or mechanical means including photocopying, recording, or information storage and retrieval without permission in writing from the author.

All facts are believed to be correct and are sourced from reputable resources.

ISBN: 978-619-7695-15-1
BELLANOVA BOOKS

Inhalt

Löwen Fakten 6

Löwen Quiz 70

Quiz Antworten 75

Wortsuche Rätsel 76

Quellen 78

Einleitung

Löwen sind die Mächtigsten unter den Großkatzen und werden aus gutem Grund oft als 'Könige der Tiere' bezeichnet.

Der Löwe spielt in der antiken Mythologie und der Volkskultur eine wichtige Rolle als Symbol für Mut und Stärke. Wie wir jetzt herausfinden werden, gibt es noch viele weitere Gründe, warum der Löwe dein Lieblingstier sein sollte.

Bist du also bereit für eine brüllende Zeit? Los geht's!

Löwen Fakten

Das durchschnittliche Löwenmännchen wiegt zwischen 160-225kg, je nachdem, woher sie kommen. Die südafrikanischen Löwen sind die schwersten.

...

Das durchschnittliche Löwenweibchen wiegt zwischen 110-143kg.

...

Der schwerste Löwe, der jemals aufgezeichnet wurde, wog unglaubliche 375kg.

DAS ULTIMATIVE LÖWENBUCH FÜR KIDS

Löwen sind die zweitschnellsten Landsäugetiere in Afrika - sie können Geschwindigkeiten von bis zu 81 km/h erreichen, aber nur auf sehr kurzen Strecken.

...

Das Brüllen eines Löwen ist noch in 8 km Entfernung zu hören.

...

Löwen brüllen meistens zur Nachtzeit, um andere wissen zu lassen, dass sie da sind.

Zwei männliche Löwen in Tanzania.

Löwen brüllen nicht nur. Sie machen eine Reihe von Geräuschen, darunter Schnurren, Meckern, Summen und Schnaufen.

Die meisten wilden Löwen findet man im südlichen und östlichen Afrika, doch ihre Zahl sinkt rapide. In der späten Hälfte des 20. Jahrhunderts nahm die Zahl der Löwen um schätzungsweise 30-50% ab.

• • •

Forscher schätzen, dass heute 16.500 und 47.000 Löwen in Afrika in freier Wildbahn leben.

• • •

Im Gegensatz zu anderen Katzenarten sind Löwen sehr gesellig. Normalerweise leben sie in Rudeln, mit Männchen, Weibchen und ein paar Jungtieren.

Ein junger männlicher Löwe. Kannst du sehen, wie seine Mähne anfängt zu wachsen?
Credit: Frans Van Heerden

Löwen verbringen durchschnittlich zwei Stunden pro Tag mit Laufen und 50 Minuten mit Essen.

• • •

Wie die Hauskatze verbringen Löwen viel Zeit damit, sich auszuruhen - bis zu 20 Stunden am Tag!

• • •

Kurz nach der Dämmerung sind Löwen am aktivsten. In dieser Zeit gehen sie normalerweise auf die Jagd.

Die meisten männlichen Löwen haben ausgeprägte Mähnen, während weibliche Löwen keine haben.

...

Es mag in Europa keine Löwen geben, die in freier Wildbahn leben. Trotzdem haben viele europäische Länder einen Löwen als Nationaltier, darunter Bulgarien, Albanien, England, Luxemburg, Belgien und die Niederlande.

...

In der Wildnis leben Löwen etwa 12-15 Jahre. In Gefangenschaft erreichen sie eine Lebenserwartung von bis zu 20 Jahren.

Beweise aus Höhlenmalereien legen nahe, dass Löwen nicht immer eine Mähne hatten. Die Mähne könnte sich vor 320.000-190.000 Jahren entwickelt haben.

...

Verschiedene Arten innerhalb der Gattung Panthera (zu der auch die anderen Großkatzen gehören) wurden gekreuzt, um neue Rassen wie Liger, Tigons, Leopons und Jaglions hervorzubringen. Männchen von Hybridrassen können normalerweise keine Kinder bekommen (sie sind unfruchtbar).

Ein Löwe in Südafrika mit seiner Beute.
Credit: Frans Van Heerden

Weiße Löwen gibt es, aber sie sind sehr selten. Sie haben eine genetische Krankheit namens Leukismus, die sich vom Albinismus unterscheidet.

...

Löwinnen sind bessere Jägerinnen als Löwen, da sie 30% schneller laufen können. Männliche Löwen beschützen das Rudel, während die Löwinnen auf der Jagd sind.

...

Da Löwen nur kurze Strecken schnell laufen können, schleichen sie vor dem Angriff so nah wie möglich an ihre Beute heran.

Ein seltener weißer Löwe.

Junge Löwen fangen erst mit einem Jahr mit der Jagd an, und erst mit zwei Jahren sind sie gute Jäger.

• • •

Aus fossilen Aufzeichnungen geht hervor, dass Löwen früher in Europa und sogar in Sibirien existierten. Durch die globale Erwärmung sind sie dort jedoch vor etwa 11.900 Jahren ausgestorben.

• • •

Obwohl er 'der König des Dschungels' genannt wird, gibt es keine Löwen, die im Dschungel leben.

Je dunkler die Mähne eines Löwen ist, desto älter ist er. Eine dicke, dunkle Mähne ist ein gutes Zeichen für einen gesunden Löwen.

...

Asiatische Löwen haben im Allgemeinen spärlichere Mähnen als ihre afrikanischen Verwandten.

...

Die meisten männlichen westafrikanischen Löwen im Pendjari-Nationalpark sind entweder mähnenlos oder haben sehr kurze Mähnen.

DAS ULTIMATIVE LÖWENBUCH FÜR KIDS

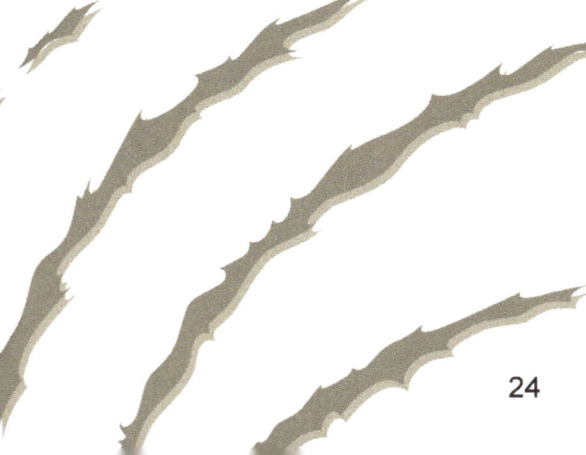

Das Wort 'Simba' bedeutet Löwe auf Suaheli. Das Wort bedeutet auch 'aggressiv', 'König' und 'stark'.

• • •

Die Fersen der Löwen berühren den Boden nicht, wenn sie laufen.

• • •

Das Wort für Löwe auf Türkisch und Mongolisch ist 'Aslan'. Dies ist auch der Name des Löwen in C.S. Lewis' Buch Die Chroniken von Narnia.

Löwen sind die einzigen Katzen, die ein Büschel am Ende ihres Schwanzes haben.

...

Obwohl sie das Wasser nicht lieben, sind Löwen großartige Schwimmer, wenn sie Wasser überqueren müssen.

...

Wilde Löwen fressen zwischen 4,5-11,3 kg Fleisch pro Tag. Männliche Löwen brauchen mehr als weibliche Löwen.

Ein männlicher Löwe zeigt uns seine Zähne.

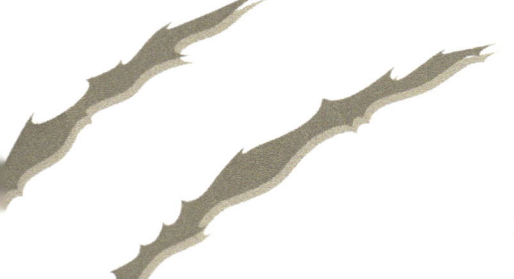

Leider schafft es nur einer von zehn männlichen Löwen bis ins Erwachsenenalter. Die meisten sterben, nachdem sie ihr Rudel im Alter von zwei Jahren verlassen haben (normalerweise werden sie von den älteren männlichen Löwen rausgeschmissen). Löwinnen bleiben generell im Rudel zurück.

...

Löwen sehen meistens in Blau- und Grüntönen.

...

Die größte Löwenpopulation Afrikas befindet sich in Tansania.

Löwen haben eine großartige Nachtsicht. Sie können in der Dunkelheit sechsmal besser sehen als Menschen. Kannst du die weiße Fläche unter ihren Augen sehen? Diese wird benutzt, um Licht in ihre Augen zu reflektieren. Außerdem haben sie eine reflektierende Schicht auf ihrem Augenhintergrund, um ein Maximum an Mondlicht einzufangen.

...

Löwinnen sind etwa 3,5 Monate lang mit ihren Jungen schwanger. Die typische Anzahl der Jungen, die eine Löwin haben wird, ist 3, aber sie liegt zwischen 1 und 6.

Ein Löwe und ein Junges in einem Zoo in Polen.

Ein wilder Löwe im Masai Mara Naturschutzgebiet, Kenya.

Löwen gibt es in vielen verschiedenen Farben, einschließlich rot, gelb, hellbraun und braun.

...

Rudel haben durchschnittlich 13 Mitglieder, aber sie können zwischen 2 und 40 Löwen schwanken.

...

Es gibt heute noch zwei Löwenarten - afrikanische und asiatische.

...

Löwen können erst im Alter von zwei Jahren richtig brüllen.

Löwen sind 'Apex-Raubtiere', was bedeutet, dass sie an der Spitze der Nahrungskette stehen und keine natürlichen Feinde haben.

• • •

Die Hauptursache für den Rückgang der Löwen ist der Verlust ihres Lebensraums.

• • •

Es gibt eine kleine, kritisch gefährdete Löwenpopulation in Westindien. Alle anderen wilden Löwen leben in Afrika südlich der Sahara.

Ein Asiatisches Löwenjunge im Gir National Park, India. Credit: Vicky Chauhan.

Löwen sind eine 'Schlüsselspezies'. Das bedeutet, dass sie einen großen Einfluss auf ihren umliegenden Lebensraum haben. Falls Löwen verschwinden, würde sich das gesamte Ökosystem verändern. Andere Schlüsselspezies der Erde sind Wölfe, Seeotter und der Jaguar.

• • •

Löwen sind meistens tagaktiv - viel mehr als andere Katzen. Das bedeutet, dass sie tagsüber am aktivsten sind und nachts meist ruhen. Allerdings jagen sie in hellen Nächten, wenn sie hungrig sind.

Schnitzereien und Malereien von Löwen, die 17.000 Jahre alt sind, wurden in Höhlen in Frankreich gefunden.

...

Es gibt zwei Unterarten des Löwen, die von der Katzenklassifikation (Cat Classification Task Force) anerkannt werden: Panthera leo leo und Panthera leo melanochaita.

...

Die Unterart Panthera leo leo umfasst den asiatischen Löwen, den ausgestorbenen Berberlöwen und Löwenpopulationen im Norden und Westen Afrikas.

DAS ULTIMATIVE LÖWENBUCH FÜR KIDS

Ein afrikanischer Löwe im Kruger National Park, Südafrika.

Zur Unterart Panthera leo melanochaita gehören die Löwen des östlichen und südlichen Afrikas, sowie der ausgestorbene Kaplöwe.

...

Das Büschel am Ende des Löwenschwanzes entwickelt sich erst, wenn der Löwe etwa 5 ½ Monate alt ist. Mit sieben Monaten sollte er vollständig sichtbar sein.

...

Die Mähne eines männlichen Löwenjungen beginnt zu wachsen, wenn er etwa ein Jahr alt ist.

Obwohl eine dunkle Mähne bedeuten kann, dass ein Löwe stärker und fruchtbarer ist, kann er in der Hitze aber auch darunter leiden.

• • •

Du wirst niemals einen Löwen in einem Regenwald finden. Löwen versuchen immer, jede Art von geschlossenen Wäldern zu vermeiden. Sie bevorzugen offene Savannen und Grasebenen.

• • •

Afrikanische Löwen finden gerne Schatten unter Akazienbäumen. Akazienbäume sind auch eine Lieblingsnahrung der Giraffen, eine der Lieblingsspeisen der Löwen!

Ein männlicher asiatischer Löwe, der sein Revier markiert.
Credit: Sumeet Moghe

Ein asiatischer Löwe.

Credit: Sumeet Moghe

Gruppen von männlichen Löwen werden 'Koalitionen' genannt.

• • •

Es kann vorkommen, dass Löwinnen ihr Rudel verlassen und nomadisch werden.

• • •

Löwinnen im Rudel dulden keine neuen Außenseiter-Weibchen, die dazustoßen wollen. Nur durch einen Tod oder eine Geburt kann ein neues Weibchen in ein Rudel aufgenommen werden.

Nomadische Löwen können allein oder zu zweit umherziehen. Sie können sich auch beschließen, sich einem neuen Rudel anzuschließen oder zu einem alten zurückzukehren. Dies geschieht allerdings erst nach mehreren Jahren des Nomadentums.

• • •

Löwen fressen hauptsächlich Säugetiere, die zwischen 190-550 kg wiegen.

• • •

Löwen und Hyänen konkurrieren um fast die gleiche Nahrung. Löwen stehlen oft die Beute von Hyänen!

Ein afrikanischer Löwe in der Serengeti, Tanzania

Das Gebiet, in dem ein Rudel umherstreift, wird als "Rudelgebiet" bezeichnet, während das Gebiet, in dem nomadische Löwen umherstreifen, als "Bereich" bezeichnet wird.

...

Asiatische Löwen streifen eher allein umher. Männliche und weibliche asiatische Löwen treffen sich nur miteinander, wenn sie sich paaren.

...

Zu den Lieblingsspeisen der afrikanischen Löwen gehören Streifengnus, Zebras, Giraffen, afrikanische Büffel und Oryxböcke.

In Asien fressen Löwen am liebsten Sambar- und Axishirsche. Sie können auch Beute von domestizierten Tieren, wie Kühen, machen.

...

Löwen töten manchmal andere Raubtiere wie Geparden, Leoparden und Hyänen. Nur selten fressen sie diese dann auch.

...

Nach einer Jagt fressen Löwen ihre Beute normalerweise an der gleichen Stelle. Manchmal schleppen sie ihren Fang auch an einen geheimen Ort.

Ein junger Löwe im Tsavo West National Park, Mangani, Kenia.

Wenn die Nahrung knapp ist, fressen Löwen oft Aas (bereits tote Tiere). Sie halten Ausschau nach Geiern, die am Himmel kreisen. So erkennen sie, wo sie Futter finden.

...

Obwohl erwachsene Löwen keine natürlichen Fressfeinde haben, können sie oft durch Angriffe von anderen Löwen oder Menschen getötet werden.

...

Nachdem eine Löwin entbunden hat, wartet sie normalerweise 6-8 Wochen, bevor sie mit ihren Jungen wieder ins Rudel geht.

In einigen Teilen Afrikas können etwa 71% der Hyänen-Tötungen auf Löwen zurückgeführt werden. Als die Löwenpopulationen im Massai Mara National Park zurückgingen, stieg die Zahl der Hyänen drastisch an.

...

Löwen kommunizieren mit anderen Löwen durch Gesten, wie Kopfreiben, Kuscheln und Lecken. Kuscheln gilt als eine Art freundliche Begrüßung.

...

Es gibt viele große, geschützte Gebiete in Afrika, in denen Löwen relativ sicher vor Menschen leben können.

Im Gir-Nationalpark, dem einzigen Ort, an dem es noch asiatische Löwen gibt, haben Naturschützer erfolgreich dazu beigetragen, die Zahl der Löwen von 180 im Jahr 1974 auf über 400 zu erhöhen. Trotzdem sind die asiatischen Löwen immer noch als gefährdet eingestuft.

...

Auf der ganzen Welt leben über 1.000 afrikanische Löwen und 100 asiatische Löwen in Zoos.

...

In vieler afrikanischen Folklore wird der Löwe als dumm und von anderen Tieren leicht auszutricksen beschrieben.

DAS ULTIMATIVE LÖWENBUCH FÜR KIDS

Während die meisten Löwen keine Menschen zum Fressen aufsuchen würden, gibt es Fälle, in denen männliche Löwen dies getan haben. 1898 wurden 28 Eisenbahnarbeiter in Kenia von Löwen entführt. Löwen fressen im Allgemeinen nur Menschen, wenn sie keine andere Nahrungsquelle haben.

...

Löwen sind in vielen der beliebtesten Filme der Welt zu sehen, darunter Der König der Löwen, Der Zauberer von Oz und Madagaskar. Welcher ist dein Lieblingsfilm?

Leo der Löwe ist einer der berühmtesten Hollywood-Löwen aller Zeiten. Vielleicht erkennst du sein Brüllen aus den Anfängen der MGM-Filme. Er war auch in vielen Werbespots zu sehen.

• • •

Eines der berühmtesten Sternbilder am Himmel ist der Löwe. Er ist auf der Nordhalbkugel sichtbar. Der Löwe ist auch ein Sternzeichen.

• • •

Wenn du zwischen dem 23. Juli und dem 22. August geboren wurdest, ist dein Sternzeichen Löwe.

Löwen sind die einzigen Großkatzen, bei denen das Männchen anders aussieht als das Weibchen.

...

Im Jahr 2002 adoptierte eine Löwin eine verlassene Babyantilope. Das war etwas, was Wissenschaftler noch nie zuvor gesehen hatten!

...

Löwen haben von allen Großkatzen den schwächsten Biss. Doch er ist immer noch 30 Mal stärker als der einer Hauskatze! Jaguare haben den stärksten Biss von allen Großkatzen.

Löwen mögen als 'Menschenfresser' bekannt sein, jedoch ist das Nilpferd das tödlichste Landtier! Sie töten etwa 500 Menschen pro Jahr, verglichen mit etwa 100, die von Löwen getötet werden.

...

Löwinnen bringen oft kleine lebende Tiere wie Babyantilopen zurück, damit ihre Jungen ihre Jagdfähigkeiten üben können.

...

Löwen können ihre Augen nicht sehr gut von einer zur anderen Seite bewegen. Daher müssen sie ihren ganzen Kopf bewegen, um sich umzusehen.

Die Zunge eines Löwen ist so rau, dass sie die Haut ihrer Beute 'ablecken' kann.

...

Afrikanische Löwen haben eine elastische Haut am Bauch, wodurch sie sich weniger verletzen, wenn sie getreten werden.

...

Löwen haben eine Duftdrüse zwischen ihren Zehen. Wenn sie an Bäumen kratzen, ist dies eine weitere Möglichkeit, ihr Territorium zu markieren.

Am unteren Ende des Schnurrbarts eines jeden Löwen befindet sich ein schwarzer Fleck. Das Muster, das diese Flecken bilden, ist einzigartig, sodass Biologen verschiedene Löwen identifizieren können - so ähnlich wie ein menschlicher Fingerabdruck!

...

In Botswana sind etwa 90 Prozent der Löwen mit FIV infiziert, was auch Katzen-AIDS genannt wird. Die meisten Hauskatzen sind (oder sollten) gegen diese Krankheit geimpft sein.

...

Die Sphinx in Ägypten hat den Körper eines Löwen.

Löwen haben bewegliche Ohren, die sich an die Richtung des Geräusches anpassen können. In Kombination mit ihrem erstaunlichen Gehör können sie Beutetiere bis zu einer Entfernung von 1,6 km hören.

• • •

Die Währung Bulgariens ist der Leva, was auf Altbulgarisch "Löwe" bedeutet.

• • •

Löwen werden mehrfach in der Bibel erwähnt, auch im Buch Daniel.

Löwenklauen sind 7,6 cm lang - etwa so lang wie ein menschlicher Finger.

• • •

Der Weltlöwentag wird am 10. August gefeiert. An diesem Tag helfen Naturschützer und Löwenfreunde wie du einer bist, das Bewusstsein über die abnehmenden Zahlen der Löwen auf der Welt zu verbreiten.

• • •

Wenn Löwenbabys geboren werden, haben sie helle schwarze Flecken auf ihrem Fell, die verschwinden, wenn sie erwachsen werden.

Es gibt viele Möglichkeiten, wie du dabei helfen kannst, Löwen zu retten. Viele Wohltätigkeitsorganisationen und Vereine, wie die Big Cat Initiative von National Geografic, erlauben es dir, Geld zu spenden oder sogar einen Löwen zu adoptieren.

...

Genau wie Hauskatzen tragen Löwinnen ihre Jungen in ihrem Maul herum. Sie packen sie am Nacken, was sie in eine Tragestarre versetzt - das tut überhaupt nicht weh!

...

Löwenbabys wiegen bei der Geburt nur 1,5kg .

Löwen Quiz

Teste jetzt dein Wissen über Löwen! Die Antworten findest du auf Seite 75.

1. Wie nennt man eine Gruppe von Löwen?

2. Löwen sind die größte Art von Katzen. Wahr oder falsch?

3. Wie viele Stunden am Tag schlafen Löwen?

4. Wann sind Löwen am aktivsten?

5. Wann beginnen Löwenjunge mit der Jagd?

6. Löwen leben im Dschungel. Richtig oder falsch?

Eine Löwin, die ihre Kinder beschützt.

7. Wie ist der Suaheli-Name für einen Löwen?

8. Was haben Löwen, was andere Katzen nicht haben?

9. Löwen schnurren. Richtig oder falsch?

10. In welchem Land gibt es die meisten Löwen?

11. Es gibt zwei Arten von Löwen. Kannst du sie nennen?

12. Kannst du einige der Lieblingsspeisen der Löwen nennen?

13. Wo fressen Löwen ihre Beute am liebsten?

14. Wie lange wartet eine Löwin, bevor sie ihre Jungen ihrem Rudel vorstellt?

15. In welchem Nationalpark in Indien kann man asiatische Löwen finden?

16. Löwen haben ein gutes Gehör. Richtig oder falsch?

17. Wie viel wiegt ein Jungtier, wenn es geboren wird?

18. Ab welchem Alter können Löwen anfangen zu brüllen?

19. Wie kann man das Alter eines männlichen Löwen feststellen?

20. Wann wird der Weltlöwentag gefeiert?

Antworten:

1. Ein Rudel.
2. Falsch. Tiger sind die größten.
3. Etwa 20 Stunden.
4. Nach der Dämmerung.
5. Wenn sie ein Jahr alt sind.
6. Falsch.
7. Simba.
8. Ein Büschel auf ihrem Schwanz.
9. Falsch.
10. Tansania.
11. Asiatisch und afrikanisch.
12. Streifengnu, Zebra, Giraffe, afrikanischer Büffel und Oryx.
13. Da, wo sie ihre Beute gefangen haben. Allerdings schleppen sie sie manchmal an einen sicheren Ort.
14. 6-8 Wochen.
15. Im Gir Nationalpark in Gujarat, Indien.
16. Richtig.
17. Etwa 1.5kg.
18. Ab zwei Jahren.
19. Je dunkler seine Mähne, desto älter ist er.
20. Am 10. August.

Löwen
WORTSUCHE RÄTSEL

K	A	X	J	L	J	U	N	G	E	S	M
D	L	Ö	W	A	N	H	L	V	H	T	Ä
A	T	L	A	S	I	A	T	I	S	C	H
V	G	I	K	D	G	S	A	H	T	M	N
L	Z	Ö	U	E	E	L	K	B	W	Ä	E
F	I	S	I	M	B	A	R	T	E	H	A
L	Ä	D	M	E	R	N	Ä	E	T	E	U
I	L	A	S	I	Ü	T	K	D	B	R	N
T	Ö	T	Z	D	L	R	U	D	E	L	E
N	W	E	I	I	L	K	L	A	S	D	R
E	I	C	E	Ö	S	A	V	A	N	N	E
A	N	X	H	W	T	H	K	L	E	D	A

Kannst du alle Wörter im Wortsuche Rätsel links finden?

LÖWIN   ASIATISCH   MÄHNE

JUNGES   ASLAN   RUDEL

SAVANNE   GEBRÜLL   SIMBA

Quellen

"91 Roaring Lion Facts You Won't Believe | Fact Retriever". 2020. Factretriever.Com.

"Lion Cubs - All The Important Facts You Should Know". 2020. Wildlife Detective.

"Fun Lion Facts For Kids - Interesting Facts About Lions, Pride, Mane, Lioness". 2020. Sciencekids.Co.Nz.

"Lioness Adopts Third Baby Antelope." BBC News. April 1, 2002. Accessed: October 19, 2020

"Local Currency in Bulgaria." Currencyname. 2015. Accessed: October 20, 2020.

Thompson, Helen. **"Yes, Lions Will Hunt Humans if Given the Chance."** June 5, 2015. Accessed: October 18, 2020

Welsbacher, Anne. **Lions (Wild Cats).** Edina, MN: Abdo Publishing Company, 2000.

Blewett, Ashley with Daniel Raven-Ellison. Mission: Lion Rescue. Washington D.C.: National Geographic Society, 2014.

"Lion". 2020. En.Wikipedia.Org. https://en.wikipedia.org/wiki/Lion. Accessed: 19 October 2020.

"10 Roarsome Lion Facts! | National Geographic Kids". 2019. National Geographic Kids. Accessed 19 October 2020.

"Ten Interesting Facts About Lions | Blog Posts | WWF". 2020. World Wildlife Fund. Accessed 19 October 2020.

"Lion | Characteristics, Habitat, & Facts". 2020. Encyclopedia Britannica. Accessed 19 October 2020.

"African Lion – Fun Facts & Information For Kids". 2017. Folly Farm. Accessed 19 October 2020.

Wir hoffen du hast ein paar spannende Fakten über Löwen gelernt!